AF470087

GRÈVES ET RÉVOLUTIONS

dédié aux Ouvriers

Ouvriers Industriels et à leurs Familles

RÉCIT D'UN VOYAGE A LA PLATA

LETTRE D'ARAUCANIE

Ancien Commerçant   Ancien Voyageur

PRÉFACE

En parcourant cette brochure, le lecteur serait bien déçu s'il croyait y rencontrer des fleurs de rhétorique ou des phrases sonores.

La médiocre instruction que j'ai reçue (je ne suis allé à l'école que jusqu'à l'âge de treize ans) ne me permet pas de me mettre au niveau d'un écrivain; je suis tout simplement un ancien commerçant qui, par suite de son amour pour la classe ouvrière, a essayé de lui désiller les yeux en lui montrant le danger qu'il y a pour elle à écouter certains journalistes qui ne vivent qu'en entretenant les grèves et en fermentant les révolutions.

Mais patience, avec un gouvernement qui, comme celui d'aujourd'hui, a si bien commencé à les mater, il viendra un moment où le pauvre ouvrier, complètement désillusionné sur le mirage inventé par la démagogie, pourra enfin vivre tranquille en travaillant, à sa grande satisfaction et à celle de sa famille.

Il y a trente-huit ans que je combats sous le vaillant drapeau de la République pour l'abolition des privilèges que j'ai en horreur.

Il y a trente-huit ans que la cause de l'ouvrier est la mienne et dans mon pays natal (Bourges), ainsi que dans celui qui m'a adopté (Bar-le-Duc), je mets au défi qui que ce soit de me citer aucune occasion où j'ai reculé d'une semelle.

Je puis dire sans forfanterie que, par mon zèle et par mon amour pour la démocratie, je n'ai pas peu contribué à la réussite des élections républicaines, quelles qu'elles fussent.

A Bar-le-Duc surtout, on a pu s'en apercevoir.

Au moment où je termine ce manuscrit, 30 avril 1886, je lis dans un journal que deux patriotes députés, Michelin et Plantaux, après un voyage à Decazeville où ils ont pu se rendre un compte exact de la situation, confèrent en ce moment avec le ministre du commerce, et qu'une entente est à la veille de s'établir.

Ces habiles députés n'envisagent que la conciliation et, ne cherchant que l'intérêt des ouvriers, ont su capter leurs cœurs en les désillusionnant sur le mirage trompeur des démagogues.

La France entière et la République leur doivent une entière reconnaissance. Je ne cesserai de le répéter : l'ouvrier a un naturel bon et il ne sort de la légalité que lorsqu'il est trompé par des paroles flatteuses de certains aventuriers qui ne vivent que d'expédients.

Cette brochure a pour but de démontrer aux ouvriers le danger qu'il y a pour eux d'écouter certains chenapans de journalistes qui font les grèves et les révolutions où il y a toujours quelque chose à glaner pour eux.

Les ouvriers ont bien plus à gagner en écoutant le langage de certains d'entre eux qui les exhortent au ralliement pour former un grand faisceau et discuter noblement et paisiblement leurs intérêts.

Il est véritablement malheureux pour l'ouvrier souvent père d'une nombreuse famille, noble cœur, pourvu des meilleurs sentiments, d'être entraîné par le manque complet d'instruction, de ne pouvoir discerner entre le bien et le mal, et de souvent pencher de ce dernier côté, en écoutant les belles phrases des députés intransigeants et collectivistes, qui font parade de leurs opinions avancées pour servir une cause qu'ils savent mauvaise ; car en somme qu'est-ce que sont ces grèves et ces révolutions ? où mènent-elles ?

Je vais vous le dire : à la ruine de ceux qui y prennent part, à la déconsidération et quelquefois à l'échafaud, quelles que soient les causes qui les ont amenées. Exemple : En 1847, j'avais vingt-quatre ans, je voyageais avec cheval, voiture et marchandises ; en passant sur la place du Marché de Châteauroux, une douzaine de peaux sur mon épaule, je fus sommé par un maréchal-des-logis de dragons à avoir à déguerpir au plus vite, pour éviter de me trouver dans la bagarre ; je rentrais vite au café Ruflin et je vis par les fenêtres arriver un escadron de dragons se ranger sur la place.

Il était à peine arrivé qu'un escadron de femmes, le rouleau à mesurer le blé à la main, se précipitèrent sur les dragons en leur jetant à la tête leur rouleau ; les dragons furent obligés de les charger pour les disperser, les femmes désarmées prirent des pierres ; c'est alors que tous les carreaux des maisons voisines volèrent en éclat.

Quelle était donc la cause de cette bagarre ? C'étaient les céréales qui s'étaient aussi mises en grève, si l'on peut employer cette expression, et que l'ouvrier ne pouvait obtenir, même avec de l'argent ; le froment valait plus de 40 francs le sac, les malheureux étaient contraints de manger du pain de seigle (quand ils en trouvaient) et d'orge.

Quelques jours après, sur le marché des Buzançais, les dragons avaient été appelés, là également le blé faisait complètement grève, la foule exaspérée se porta sur un moulin du sieur Chambert et réclama de la farine contre de l'argent, bien entendu ; ce dernier eut le malheur de refuser et de se barricader ; il jouait sa tête ; effectivement la porte fut défoncée, mais aussitôt un coup de fusil partit de l'intérieur et un homme tomba raide mort. Le sieur Chambert alla se blottir sur un toit derrière une cheminée, il en fut bientôt débusqué. Une fois en bas, on lui coupa la tête qu'on promena au bout d'une pique.

Les trois malheureux auxquels la faim avait fait commettre une pareille monstruosité et qui s'appelaient Bienvenu, Veluet, manœuvres, et Michaut, sabotier (ce dernier n'avait pas vingt ans) furent jugés et condamnés à la peine de mort, et malgré les sympathies qu'attirait Michaut par son jeune âge, malgré une demande en commutation de peine signée par le jury, ils furent tous les trois exécutés sur la place publique de Buzançais.

Le président des assises, (bonapartiste du premier empire), a insisté pour que les trois exécutions aient lieu, vu l'énormité du crime.

Cette disette de grains à laquelle se joignait le mauvais vouloir des ministres de Louis-Philippe d'accorder au peuple la liberté de réunion pour les banquets réformistes, amenèrent la Révolution et la proclamation de la République.

Ah ! si ces malheureux avaient eu des Fuisseaux ou des Hurtault pour les guider, ils n'en seraient pas venus à pareilles extrémités, leur manque complet d'instruction les empêcha de discerner les conséquences des actes qu'ils allaient commettre ; ils étaient coupables, il est vrai, mais l'ignorance et la misère étaient bien pour quelque chose aussi. (On verra dans le corps de ce livre ce que sont Hurtault et Fuisseaux.)

Quelle reconnaissance la classe ouvrière ne doit-elle pas avoir aux Jules Ferry, Gambetta, Brisson, Jules Develle, etc., pour le patriotisme et l'ardeur qu'ils ont déployés dans leur lutte contre la réaction, contre les jésuites et pour la laïcisation de toutes nos écoles.

Que ne doit-elle pas non plus à la municipalité et au Conseil municipal de Bar-le-Duc, pour avoir, en aussi peu de temps, fondé de si belles et aussi nombreuses écoles.

Aujourd'hui sera ignorant celui qui persistera à vouloir l'être et personne n'aura le droit, pour sa justification dans un méfait quelconque, d'invoquer son ignorance.

Aussi, il faut espérer que l'instruction versée à flots portera ses fruits et empêchera le retour de semblables atrocités.

E. L. P.

GRÈVES & RÉVOLUTIONS

Dédié aux Ouvriers

De toutes Industries et à leurs Familles

RÉCIT D'UN VOYAGE A LA PLATA
LETTRE D'ARAUCANIE

PAR

Ernest LAURENT

En ce moment où, en France comme en Belgique, éclatent des grèves dans tous les bassins houillers, grèves suivies de pillages et d'incendies, où le frère soldat est contraint de tirer sur son frère ouvrier mineur, il est noble et beau de voir surgir comme par enchantement un simple citoyen armé de la branche d'olivier et venir dire à ses frères : Assez de sang comme ça, ce n'est pas avec de semblables moyens que vous arriverez à la réforme sociale que vous demandez.

Cessez donc tout désordre, reprenez votre travail et organisez une vaste ligue ouvrière réunissant tous les ouvriers des vastes bassins houillers de la Belgique.

Ainsi vient de parler un socialiste, Fuisseaux, à Frameries (Belgique). C'est un beau et noble langage que ses coreligionnaires devraient bien imiter dans les trop fréquentes grèves où l'ouvrier ne récolte que misère et déception. Les mineurs de Belgique, pas plus que ceux de France, ne tiennent guère à voir les établissements fermés et cela n'arriverait pas s'il y avait un Fuisseaux dans chaque usine, et si certains journalistes et députés restaient à leur poste, car l'ouvrier a du cœur et il préfère le travail aux grèves.

Les grèves et les révolutions se comprendraient dans un pays comme l'Allemagne où l'ouvrier est un vrai esclave ne gagnant presque rien ; mais en Belgique où l'indépendance coule à pleins bords, grâce à la libéralité du gouvernement et où les ouvriers gagnent de gros salaires, cela ne devrait pas exister.

Les députés collectivistes et intransigeants se sont bien gardés de suivre l'exemple donné par un simple ouvrier belge : ils ont préféré haranguer les pauvres Français, de façon à les pousser à la police correctionnelle et bientôt peut-être à la Cour d'assises.

Ils viennent de le payer cher.

Le citoyen Fuisseaux a bien mérité de sa patrie, les dits députés ont droit à tous les mépris des honnêtes gens, les Michelin et les Planteau ont bien mérité de la patrie, leur démarche les honore et si la grève ne prend pas fin à Decazeville, ils n'auront rien à se reprocher.

En 1851, quoiqu'il y ait bien longtemps, les faits suivants méritent d'être cités : un ouvrier corroyeur, à Bourges (Cher), a tenu à peu près la même conduite, quoique dans un autre cas ; combien de fois n'a-t-il pas engagé les ouvriers à s'ériger en Syndicats, ou par une bonne conduite et un travail assidu à décider les patrons à accepter la participation et d'imiter en cela les ouvriers allemands et les suisses, où il est admis que, sauf des cas tout à fait exceptionnels, les ouvriers participants ne sont pas responsables des pertes des patrons. Ils sont en vérité associés dans une certaine mesure, aux risques de l'entreprise en tant que leur part de bénéfice est stationnaire ou diminuée dans les années de crise.

Oui, Hurtault (c'est son nom) a tenu en haleine 3,500 à 4,000 ouvriers des villes et des campagnes qui, voyant le prochain escamotage de la République par les pseudo-républicains, s'étaient armés de bâtons, de faulx, de haches et couraient sur les villes. Le Berry et le Nivernais étaient sous le coup d'une épouvantable effervescence ; plusieurs députés de la Montagne voyageant dans les campagnes et les petites villes excitaient les populations trop crédules à s'engager sous le drapeau de la Marianne ; c'est qu'il était visible à l'œil nu que le prince-président et son digne entourage ne visaient à rien moins qu'à étrangler la République et déjà, en 1849, on avait pu voir à la Haute-Cour de justice de Bourges les intentions néfastes du Corse par un commencement de dictature.

A cette époque, une vaillante phalange de jeunes républicains s'était organisée à Bourges, Saint-Amand,

Sancerre, Vierzon, Lignières, Aubigny, etc.; Bourges avait été choisi comme centre de ralliement : on y avait juré de délivrer les quarante-trois accusés si bien gardés dans le donjon de Jacques-Cœur, par une nuée de gendarmes de la Seine, avec leurs bonnets à poil, et plusieurs régiments d'infanterie.

Il avait été convenu par les conjurés républicains qu'un d'eux, à tout prix, pénètrerait dans la salle des débats ; on tira au sort et ce fut votre serviteur qui fut chargé de remettre clandestinement un pli à Raspail, pour lui faire connaître les intentions de ceux qui voulaient le sauver, ainsi que ses co-détenus. Il y avait des séances de nuit, on devait en profiter pour exécuter ce projet.

A cet effet, dix conjurés, dont votre serviteur faisait partie, devaient suivre les avocats et forcer la consigne ; un tambour-major en garnison à Bourges, pour la circonstance, avait confié à l'un de nous que son colonel était un vrai républicain, ayant une haine jurée contre l'accusateur public.

Le jour dit, avec l'aide du fils du concierge de Jacques-Cœur, je pénétrai dans la salle des débats à trois heures du soir, et comme Raspail était le premier sur le banc, je n'eus pas beaucoup de difficulté à lui remettre mon pli ; je restai jusqu'à cinq heures et fus témoin d'une petite scène de pugilat entre Barbès et Blanqui, malgré l'intervention des hommes aux bonnets à poil. Je profitai d'une suspension d'audience pour me retirer.

A six heures et demie, nous dînames une quinzaine ensemble dans un café dont le patron était un des nôtres ; les armes furent ensuite apprêtées et dissimulées.

Nous étions tous d'une force physique indéniable ; il y avait beaucoup d'ouvriers d'usine, beaucoup de garçons bouchers et un grand nombre d'ouvriers corroyeurs à la tête desquels devait marcher le citoyen Hurtault, grand et noble cœur, dont la vie, par suite, a été remplie par de nobles exemples de vertus civiques.

Jamais conjuration n'avait été mieux ourdie, nous avions poussé les précautions jusqu'à éluder des patriotes les plus connus et ce, parce qu'ils faisaient partie des administrations de la ville ; beaucoup ne savent même pas encore aujourd'hui s'il y a eu complot ou non, ceux qui enont fait partie et qui ne sont plus ayant emporté le secret dans la tombe. A neuf heures, au moment où nous allions partir, le citoyen Hurtault vint nous prévenir, haletant, que toute tentative serait téméraire et était impossible ; le président de la Cour et l'accusateur public ayant fait revenir plusieurs régiments d'Issoudun et de Châteauroux, et fait braquer quantités de pièces de canon, place Jacques-Cœur, place des Arènes et même jusque dans la cour.

Nous dûmes renoncer à notre patriotique projet et nous profitâmes du dernier jour de notre réunion pour nous entendre, et nous rallier à l'avenir à notre poste de combat. J'étais tellement froissé de voir échouer notre tentative que le lendemain j'errai sur le boulevard Saint-Sulpice, lorsque je fus appelé au café Vilnat par ledit tambour-major ; j'y entrai et me trouvai juste en face d'un bonapartiste de la plus belle eau, un ancien sergent-major de chasseurs à pied, alors receveur d'octroi.

Il lui prit la fantaisie de dénigrer la République et les républicains.

Je le rappelai à l'ordre un peu vertement, il me répondit par un coup de furet sur la lèvre supérieure ; c'est alors que je lui ai administré une telle friction qu'il en est resté plus de trois semaines sans pouvoir se mettre sur le dos, et, pour combler la mesure, le maire, M. Planchat, l'envoya en sous-ordre à Saint-Amand.

Déjà un mois avant, à Sancoins (Cher), j'avais été appelé à administrer semblable correction à un receveur à cheval, pour le même motif.

En remontant à l'année 1848, lorsqu'en juin la révolution éclata à Paris, toutes les gardes nationales du Berry furent appelées pour la réprimer ; les vrais républicains de Bourges voulurent avant de partir qu'on les informât quel était l'ennemi qu'on allait combattre et sur le refus du colonel, l'ouvrier Hurtault, votre serviteur, et tant d'autres refusèrent carrément d'endosser la tunique ; aux yeux des zélés, ils passèrent pour des hommes de désordre, ce qui n'empêcha pas qu'en 1851, sans leur intervention et surtout sans celle d'Hurtault, la bourgeoisie et la noblesse en auraient vu des dures, à la suite des débats des Cours d'assises de Nevers et de Bourges qui jugèrent les accusés de Clamecy, tous ouvriers charpentiers et brûleurs, que des soi-disant républicains plutôt affiliés à l'Internationale étaient parvenus à circonvenir et à intimider.

Lorsque la population ouvrière de Bourges vit défiler

plus de 1,500 malheureux en sabots, enchaînés comme des galériens, et escortés par des chasseurs, la carabine au poing, le pistolet à la ceinture, et presque toute la gendarmerie du département, elle éprouva une telle horreur qu'une fois encore, sans l'intervention d'Hurtault, qui avait tant d'empire sur la classe ouvrière, la force armée, malgré le nombre, était sûre de son affaire.

Le crime de tous ces malheureux était de s'être laissé entraîner dans des sociétés secrètes; on les conduisait à Belle-Isle, aux îles de Ré et d'Oléron, pour de là les diriger sur Cayenne et Lambessa.

Combien une telle persécution n'a-t-elle pas ruiné de gens, séparé des familles entières, et tout cela pour satisfaire l'ambition d'un vil Corse.

J'oubliais de dire que toutes ces victimes, qui ne savaient même pas où elles allaient, étaient consolées par quelques vieux républicains à la barbe blanche; il y avait beaucoup d'instituteurs avec lesquels j'avais passé plusieurs années de ma vie; eux étant à l'école normale de Bourges et moi à l'école primaire annexée; je citerai notamment Malardier, député de la Montagne; Mallet, instituteur à Donzy (Nièvre); Frélat, instituteur à Saint-Bouize, le compétiteur du comte de Montalivet; Frélat était un vrai type, rappelant par sa structure le squelette dans les mystères de Paris : taille démesurée, les pieds en mailloches passant l'un par dessus l'autre, la tête laineuse et ainsi que le cou plein d'écailles, bégayant avec des variations dans la voix, c'était en un mot un déshérité de la nature, si ce n'est qu'il était de première force sur toutes les sciences.

Depuis cette époque, je ne l'ai revu qu'en 1853, il était venu me trouver à Bourges pour que je lui procure une place de *voyageur*.

C'était à n'y pas croire.

Me trouvant un jour à Auxerre, j'ai vu entrer à l'hôtel où j'étais mon ami Mallet ; il portait sur l'épaule gauche un petit paquet sur lequel s'étalait une paire de gros souliers ; nous nous reconnûmes et nous nous embrassâmes; le malheureux arrivait de Lambessa, et, depuis Marseille ; il avait fait la route sans le secours d'aucun véhicule, aussi avait-il les pieds tout meurtris. Il retournait à Donzy auprès de sa femme et de ses enfants.

Le quatrième, Plaut, ancien pédagogue, ancien prin-

cipal du collège de Nevers, révoqué par la réaction,
s'était lancé dans la limonade; il avait tour à tour monté
le café de l'Avenir, rue Vieille-du-Temple, vrai club démocratique ; après l'avoir vendu il avait pris une suite,
cour des Fontaines, au Palais-Royal; en dernier lieu, il
avait créé un établissement du même genre, rue des
Petits-Carreaux.

J'étais resté plus de vingt ans sans savoir ce qu'il était
devenu, lorsqu'un jour nous nous jetâmes l'un dans
l'autre place de la Bourse. Il était alors inoccupé et me
dit qu'il était en instance auprès de M. Billaut, président à la Cour des comptes, auquel il avait fait part
d'une de ses intentions : il ne s'agissait rien moins que
d'un vaisseau de guerre aérien. Je le quittai en lui sou-
haitant une bonne chance et une pleine réussite.

Ces quatre instituteurs étaient des hommes transcen-
dants, surtout Mallet ; dans les concours avec les ly-
céens, ils laissaient ces derniers loin de lui, malheureusement, comme tous les ouvriers, il avait le défaut
d'être républicain ; c'était son seul crime.

Après les ouvriers, c'était le tour de tout ce qui avait
une nuance républicaine à quelque classe qu'il appar-
tînt.

Allons, en route pour l'Algérie et la Guyane, MM. les
députés de la Montagne: les Michel, les Lourion, les
Bouzique, etc., ceux qui pouvaient échapper au courroux
de la réaction, étaient obligés de faire le voyage de Belgique ou de Jersey.

Votre serviteur a été obligé d'en faire un dans le pays
des Gauchos.

Je demande la permission au lecteur de lui retracer
le principaux incidents de ce voyage, ils leur démontre-
ront que tout n'est pas rose de l'autre côté de l'Atlan-
tique, mais il y avait cas de force majeure et péril en la
demeure, il fallut partir.

Traqué comme une bête fauve par la réaction, mou-
chardé par ceux-là même que je croyais mes amis, je
résolus de quitter la France; j'avais même reçu une
lettre d'un de mes amis de La Charité-sur-Loire, alors
à Buenos-Ayres, qui m'en faisait un récit si flatteur que
j'entrevoyais déjà le jour où je reviendrai avec des mil-
lions. On verra plus loin quelle déception sous tous les
rapports.

Je partis donc pour Paris, j'arrêtai le prix de mon

passage sur le *Camoëns*; trois jours après j'étais au Havre avec ce qu'on appelle une pacotille : j'avais de superbes chaussures vernies, des armes, de la coutellerie et de la fausse bijouterie, de la littérature, tels que les *Mystères de Paris*, *Monte-Christo*, les *Mousquetaires*, etc.

Quoique tous ces objets dussent payer à l'arrivée 33 0/0 de leur valeur, on verra plus loin comment ils entrèrent en franchise.

Il y a de cela trente-quatre ans, j'avais alors vingt-huit ans. j'étais d'une force herculéenne quoique quelque temps avant je vinsse de faire une grave maladie (une pleurésie), d'une volonté et d'une intrépidité peu communes.

En arrivant au Havre, il n'y avait plus que quelques jours pour notre départ, n'y étant jamais allé, j'en profitai pour visiter le port. ses nombreux bâtiments et particulièrement le *Camoëns* qui en était à sa troisième traversée, ayant succédé à son homonyme qui s'était perdu corps et biens sur les bancs anglais, à l'entrée de la Plata (triste perspective).

Trois jours après, le nouveau *Camoëns* sortait de son bassin à la marée ; le temps était tellement effrayant que le commandant du port ne voulait pas le laisser partir (six autres navires qui une heure avant étaient dans le port et qui étaient sortis de la jetée y rentrèrent). Le capitaine, sans pilote. endossa la responsabilité. Voyons un peu ici quelques détails sur la construction du navire, sur son équipage et sur les passagers qui allaient, pour la première fois, subir une aussi émouvante épreuve.

Le *Camoëns* était un trois-mâts de 350 tonneaux, d'une solide construction, mais un peu trop court et dénotant un rouleur. par conséquent, marchant mal (il lui fallait cinquante et quelques jours pour faire sa traversée et soixante-seize pour revenir). Il avait sa lisse trop basse et, par conséquent, offrant de grands dangers pour la sécurité des passagers. (On verra dans le corps de ce récit qu'il y a eu une victime pour les causes plus haut dénotées.) Avec le capitaine, homme fort distingué, il y avait à bord le second, brave garçon, mais un peu nerveux et rageur ; le maître d'équipage, un colosse, un vrai loup de mer; sept hommes d'équipage, un mousse : quatre pilotins qui, pour entrer à l'école navale, devaient passer la ligne ; et enfin quatorze passagers, dont un de chambre et les treize autres d'entrepont.

Ainsi que je viens de le dire, la mer était terrible, surtout pour des apprentis, mais le capitaine avait passé outre. Une fois hors de la jetée, quelle terrible danse effrénée ; tous les passagers, excepté votre serviteur, étaient rentrés dans leur cabine dont je ferai la description.

J'avais entendu dire qu'avant de s'embarquer il fallait bien se lester et c'est ce que je n'ai pas manqué de faire.

Malgré les remontrances de l'équipage, j'étais resté à l'arrière. sur la dunette, et pour me caller, j'avais passé un bras dans les cordages des hauts-bancs et, plongé dans les réfléxions (je songeais à ma famille que je ne verrais peut-être plus), à mes vieux amis politiques, à la République, que je voyais bien malade sous le sabre d'un bandit.

Un cordage qui, à la suite d'une manœuvre, est venu me sortir de toutes mes réfléxions et m'a contraint d'aller rejoindre mes compagnons de voyage, comme eux je me suis jeté tout habillé sur mon lit et sept jours après nous étions à la même place sans vouloir prendre de nourriture.

En moins de trois heures, le capitaine avait fait virer de bord plus de trente fois, les marins étaient à bout de force.

Enfin. le septième jour, nous doublions la pointe de Barfleur, et le lendemain nous étions dans l'Océan. Nous avons appris à notre arrivée que la population havraise nous avait suivi des yeux avec une grande anxiété, comptant toujours nous voir engloutir par les effroyables lames qui déferlaient. J'entendrai longtemps le brave capitaine ou le second avec leurs cris réitérés de pare à virer, lève le loff, largue les boulines, cargue la misaine et les perroquets, etc., et tout cela mélangé aux cris réitérés des quatre femmes qui partageaient notre trou, si j'ose le dire, où l'air nous arrivait par une ouverture sur le capot.

Nous étions là treize ensemble, neuf hommes et quatre femmes, dans dix cabines superposées ; la lumière y était complètement interdite.

Ces malheureuses femmes étaient sur le plancher, échevelées, et ne répondaient que par des lamentations aux encouragements de leurs maris.

Une d'elles a été malade jusqu'à Buenos-Ayres, ce qui

ne l'empêchait pas d'absorber la part de la moitié d'entre nous à chaque repas.

Comme je viens de le dire, le septième jour nous démanchions donc, (ce qui, en termes marins, veut dire sortir de la Manche), il faisait un soleil radieux, quoiqu'il fît également grand froid.

Quelques-uns de nous en profitèrent pour sortir de l'espèce de sommeil léthargique dans lequel nous étions plongés.

Dans tous les passagers, j'étais le seul qui n'avait pas eu recours à la cuvette traditionnelle.

Un matin, j'étais allongé au soleil sur le gaillard du devant, une brochure d'Eugène Sue à la main, lorsque je vis arriver une jeune fille (la seule qu'il y eût à bord), je l'invitai à venir prendre sa part de soleil, et, dans la conversation que nous entamâmes, elle me confia les motifs qui lui faisaient entreprendre un aussi long voyage en compagnie d'un sieur Violty et sa femme, sujets italiens.

Elle me dit : après avoir commis une faute, je fis la connaissance de Monsieur et de Madame, qui voulurent bien consentir à m'emmener avec eux, après que ma mère eut fait acquitter mon voyage par un intermédiaire; elle me confia également qu'elle avait ces Italiens en horreur et qu'elle avait peur ; qu'éloignée d'amis et d'appuis, elle craignait qu'ils ne l'exploitassent.

J'eus l'indiscrétion de lui demander le nom de sa famille ; elle me dit : mes parents sont natifs d'Angers et ils ont longtemps habité Rennes ; une fois mon père décédé, ma mère vint à Paris où elle tient encore un lavoir.

Quant à moi, j'ai été élevée par mon oncle, fabricant à Angers et, à 18 ans je suis revenue rejoindre ma mère qui m'a fait apprendre l'état de modiste, passage du Saumon, où ma patronne m'a livrée à un noble de la rue de la Michodière où elle m'avait fait porter une boîte de gants.

Comme il se trouvait que son oncle d'Angers était un ami et un fournisseur de cuirs de mon père, nous eûmes bientôt fait connaissance, et, à partir de ce moment, ma protection se substitua à celle des Italiens.

Nous poursuivîmes notre route sans encombre. Nous étions entre le tropique du Cancer et l'Equateur, avec des alternatives de fortes et de légères brises. Un soir que nous filions près de onze nœuds vent arrière et toutes voiles déployées, qu'excité par les matelots, je leur avais chanté la Marseillaise, le Chant du départ et les Girondins (il était 12 heures du soir), que nous venions de nous coucher et que la bordée de tribord prenait son tour de quart, un cri formidable nous mettait tous sur pied : c'était le capitaine qui allait et venait sur la dunette en appelant Fleury ! Fleury ! C'est qu'il venait d'apprendre que ce malheureux jeune homme, pilotin, était, en faisant son quart, tombé à la mer ; et comment ? On ne l'a jamais su au juste, on n'a pu faire que des suppositions ; ce garçon, fils d'un riche armateur de Fécamp, d'un caractère très doux, avait, comme ses trois autres camarades, été confié au capitaine qui, à sa louange, je dois le dire, avait pour lui une grande amitié mêlée à une grande affection.

Depuis les secousses qu'il avait éprouvées dans la Manche, il semblait tout engourdi et avait toujours les mains dans ses poches ; c'est probablement dans cette position qu'il a été surpris par un coup de tangage qui l'a précipité dans la mer, la lisse, comme je l'ai déjà dit, étant beaucoup trop basse.

Un de ses camarades, qui était dans sa cabine en train de s'habiller pour reprendre son quart après lui, nous a affirmé qu'il venait d'entendre tomber quelque chose, mais qu'il ne savait pas ce que c'était.

Quoique affolé et ne sachant plus où donner de la tête, le capitaine fit mettre le navire en panne et le canot à la mer ; en une minute le second, le maître d'équipage et les sept matelots y étaient installés.

Le capitaine et le mousse restaient à bord avec les passagers.

J'ai dit que la brise était énorme, quels sauts ce malheureux canot n'a t-il pas dû faire ? Après trois heures d'angoisses, nous crûmes les entendre ; le capitaine les héla au lointain en leur disant : l'avez-vous trouvé ? Un non formidable, comme venant d'un souterrain, lui répondit. Le pauvre capitaine, les larmes dans la voix, s'arrachait les cheveux, quoiqu'il n'y eût rien de sa faute ; nous, les femmes surtout, poussions des sanglots.

Le canot, par l'effet de la grosseur de la mer, avait une peine inouïe pour accoster ; nous pûmes enfin hisser tous les marins, mais dans quel état se trouvait le dernier ? Il avait le dessus des doigts de la main droite complètement décharnés.

Dix minutes après, nous larguâmes toutes les voiles et continuâmes notre route.

Tous nous avions la mort dans l'âme, nous restâmes près de huit jours sans nous dire un mot, autant il y avait eu de gaîté, autant la tristesse régnait.

Ce n'est que dix à douze jours après qu'une circonstane nous sortit de la triste mélancolie dans laquelle nous étions tous plongés.

Nous arrivions sous la ligne, les matelots de vieille tradition voulurent fêter ce passage.

Avec des morceaux de voiles et des vergues, ils organisèrent un défilé ; une baille (tonneau défoncé) fut remplie d'eau aux trois quarts; une petite planchette mise dessus pour asseoir le passager où la passagère, puis ensuite le bonhomme tropique et son costume grotesque et son entourage.

Après vous avoir posé les questions suivantes : Vous jurez fidélité aux marins pendant leur absence. Vous jurez d'être généreux à leur égard ; sur votre réponse plus ou moins affirmative, vous êtes plus ou moins plongés dans l'eau et ensuite arrosés à gogo.

Tout le monde y participe : capitaine, équipage et passagers; mais le plus beau, c'est le dîner chez le capitaine; j'avais informé ce dernier que dans les passagers il y avait un voleur et je le priai de le mettre à table, à côté de moi ; ce qui fut dit fut fait.

Nous étions favorisés de vin de Madère ; j'avais fait mêler dans deux bouteilles moitié cognac ; je versais au voleur de ce mélange, tandis qu'à côté de ma main gauche il y avait du vrai madère que j'absorbai comme si c'eût été du Pouilly ou du Chablis de France.

J'oubliais cette circonstance qu'avant de nous mettre à table, une dizaine de bouteilles de vermouth étaient passées à l'ombre et que le voleur en avait absorbé plus d'une pour sa part ; et joignez à cela un énorme plat de porc frais avec des pommes de terre dont il avait mangé lui seul près de la moitié, le tout assaisonné d'un plein verre de rhum ; je vous laisse à penser dans quel état il se trouvait.

Il avait des yeux à faire peur ; le capitaine lui proposa de le soulager et lui versa un verre à bordeaux d'ammoniaque ; il l'avait à peine absorbé que tous nous nous sauvions dans toutes les directions.

Le mot d'ordre était donné, deux matelots s'emparèrent de lui et le hissèrent à plus de vingt mètres dans les haubans, où un autre grimpa sur le côté opposé.

Avec chacun un morceau de filin, ils lui lièrent les pieds et les mains.

C'est dans cette position, avec plus de cinquante degrés en plein soleil, que le capitaine lui posa cette question :

— Où avez-vous mis ce que vous avez volé?

— Dans mes bottes, au fond de ma malle.

Vingt minutes après, on alla le descendre, il n'avait plus conscience de lui, la peau était parcheminée. Si en France on connaissait ce genre de punition, il n'y aurait guère de récidivistes.

Il est resté près de trois semaines dans une prostration complète.

Le reste de la traversée se passa sans encombre, si ce n'est en arrivant à l'embouchure de La Plata où nous prîmes un pilote italien.

C'était un homme de cinquante et quelques années, mis correctement et portant même des bottes vernies avec tiges en maroquin rouge; il chuchota quelques mots à l'oreille du capitaine et grimpa dans la hune de l'artimon. Trois jours après, il y était encore sa sonde à la main et n'ayant presque pas pris de nourriture ; c'est qu'il appréhendait la présence des bons Anglais et qu'il ne trouvait pas le fond qui lui convenait. Enfin le troisième jour il aperçut le bateau-feu et descendit de sa niche, il serra fortement la main du capitaine en lui avouant que, pour un moment, nous avions été dans un grand péril, sans que nous nous en fussions aperçus ; ainsi que je l'ai déjà dit, ces bancs de sables sont très dangereux et ont englouti plus d'un navire.

Le bateau-feu est une immense bouée peinte en rouge que Rosas a fait planter là pour servir de phare.

En continuant notre navigation, nous arrivâmes à la petite île Lobos où nous déposâmes notre pilote qui n'était ni plus ni moins que le seul hôte de cette île, autour de laquelle habite quantité de veaux et de chiens marins (ce qu'en France on appelle des phoques); plusieurs d'entre nous s'en sont servis de cibles en les envoyant subitement de vie à trépas.

Enfin, après cinquante-et-un jours de navigation, nous arrivions en grande rade de Buenos-Ayres qui en est encore à une distance de douze kilomètres, et comme il était déjà assez tard, pour plus de sécurité, le capitaine jugea à propos de nous faire coucher sur la rade, tandis que lui fit larguer le canot et, avec l'aide de deux matelots, alla coucher en ville.

Le lendemain matin, ledit canot revint, apportant avec lui un énorme mouton vivant et un beau quartier de bœuf, le tout accompagné d'un mot d'écrit du capitaine qui disait au second : Prenez deux dames-jeannes dans la cambuse, faites bien déjeuner tout votre monde, la baleinière arrivera à dix heures, soyez tous prêts ; inutile de dire que nous fîmes bon accueil à l'envoi du capitaine et qu'avec un soleil de plus de 50 degrés, joints à l'effet des dames-jeannes, beaucoup d'entre nous possédait un long plumet accompagné d'un riche mal de tête.

Comme les bords de La Plata, près de la ville, possèdent quantité de petits rochers, les navires restent en grande rade, des baleinières vous conduisent dans la petite, d'où les canots vous reprennent et les marchandises en douane sont mises sur des espèces de fardiers.

Le lecteur doit se rappeler que je lui ai promis de lui indiquer le moyen pour ne payer aucune entrée pour les pacotilles que j'avais emportées : c'est ni plus ni moins qu'en confiant les clefs de mes malles et caisses à la jeune personne qui avait fait la traversée avec nous. Elle leur a donné à entendre que tout ce qu'il y avait dedans faisait partie de sa toilette ; ils l'ont crue sur parole en montrant même beaucoup d'empressement et de déférence ; quant à moi, je suis sorti de la douane avec un simple porte-chapeau à la main et un parapluie dans son étui.

Enfin nous voilà donc à Buenos-Ayres, ville très saine.

Les habitants sont indolents et vivent de peu, quoique la viande soit en abondance (on en rencontre partout, et elle ne coûte rien). Aujourd'hui, on en fait des conserves alimentaires.

De la viande et du malt avec du café noir, voilà la nourriture des indigènes, qui, comme je le dis plus haut, ne font absolument rien (jamais une Argentine n'a touché une aiguille) ; les travailleurs sont les Français et les Anglais ; les maisons son peintes à l'image du sanguinaire Rosas, elles sont littéralement rouges.

Le luxe est effréné, il va même se nicher jusque chez les gens de la dernière classe ; il n'est pas rare d'en voir marchant nu-pieds et avoir des pantalons brodés de dentelles. C'est une vraie mascarade.

Le soldat est tellement valeureux que lorsqu'il tire un coup de fusil, il tourne la tête.

A 45 ans, la femme devient obèse, elle fait ses promenades et ses visites à quatre heures du soir, la mère les deux mains sur son proéminent abdomen suit majestueusement sa fille à six pas; il ne faudrait pas vous aviser de ne pas céder le côté du trottoir touchant les boutiques à ce couple, ou sans quoi vous seriez immédiatement conduit chez l'alcade où, sans vous entendre, on vous fait payer une amende.

Dans tous les différends, on ne s'explique que l'argent à la main ; c'est toujours celui qui paie le plus qui a raison.

C'est le pays de la rançon pratiquée sur une large échelle.

Les femmes et les filles visitent continuellement les magasins à partir de quatre heures du soir ; elles n'achètent jamais rien.

Les filles sont de toute beauté. La population n'est pas sympathique aux étrangers ; on pourra s'en rendre compte par la devise suivante, qui était celle du docteur Rosas :

Un lourd gourdin sort du néant, il est entouré de rubans rouges où sont inscrits ces mots :

« Vivat el Confederation Argentine, muerante los « salvaque uniturios. »

Ce qui veut dire : Vive la Confédération Argentine, mort aux sauvages unitaires.

Ce sont les Européens qui sont les sauvages; messieurs les Argentins qui font fouetter, fusiller et pendre sont des civilisés.

En face du débarquement, nous aperçûmes une enseigne qui portait cette inscription : «Fonda Francesca » et en dessous « Lartigue, ancien commissaire à Bordeaux.»

Comme un véritable troupeau de moutons, nous y entrâmes tous; après avoir pris nos renseignements, nous commandâmes le dîner et partîmes pour visiter la ville.

Ainsi que je l'ai dit au lecteur, j'avais souvent reçu des lettres de Buenos-Ayres de la part d'un de mes amis de La Charité-sur-Loire, qui y avait déjà trois années de séjour ; il me disait dans ses lettres que c'était un vrai pays de Cocagne, qu'on n'avait qu'à se baisser pour en ramasser.

Eh bien ! vous allez voir dans quelles conditions je l'ai retrouvé :

C'était trois jours après notre débarquement, un médecin français qui avait fondé l'hôpital de Monte-Video et qui était le vrai cicérone de tous les arrivants de France, me proposa de me conduire chez mon ami, demeurant à Barrague, à six kilomètres de Buenos-Ayres ; j'acceptai et nous partîmes à cheval, escortés chacun d'une paire de pistolets et d'un coutelas dans une gaine.

Ces précautions n'étaient pas de trop, puisque, à peine à deux kilomètres de là, un Gauchos, monté sur un superbe cheval, m'envoya son lasso qu'instantanément je coupais avec mon coutelas.

Cinq minutes après, le Gauchos était à plus de quatre cents mètres de nous. Moitié chemin, nous mîmes pied à terre, aveuglés que nous étions par la poussière ; nous entrâmes chez un Italien qui tenait une petite guinguette sur la route et il nous engagea à ne pas rentrer trop tard, attendu que la veille on avait fait l'affaire à un Français.

Nous remontâmes à cheval, et vingt minutes après nous étions à Barrague. On nous indiqua la demeure du Nivernais que je cherchais ; c'était une espèce de grange sans aucun autre corps de bâtiment et dans laquelle il n'y avait pas moitié d'un meuble, ni d'objet de ménage ; je n'ai même pas aperçu la moindre couchette ; il y avait en tout et pour tout trois ou quatre kilos de crin brut dans un coin. Une espèce de nègre qui était là inactif me répondit, sur ma demande, que mon ami reviendrait demain, quoiqu'il y eût plus de cent lieues de Barrague à la Sonille où il était.

Comme il n'y a aucune espèce de chemin de fer, je lui ai demandé s'il reviendrait en ballon.

Nous retournâmes, mon guide et moi, à Buenos-Ayres.

J'ai omis de dire que, depuis le matin, j'avais changé de logement et que j'étais descendu à l'Hôtel de Paris, chez un nommé Henry, qui avait la fantaisie de dompter les animaux ; on le voyait souvent aller au marché, ayant à sa droite un jeune tigre et à sa gauche une laie que ce premier étrangla certain jour. Il avait même un petit gymnase où il dressait les rats gondins, sorte d'animal de la grosseur d'un écureuil et de la même nuance.

Le surlendemain de notre arrivée à l'Hôtel de Paris, (nous étions quatre passagers du *Camoëns*), il y avait un garçon boucher; à trois heures du matin, nous vîmes entrer un individu qui avait une mine entièrement semblable à celle du Gauchos qui avait voulu me lasser; aussitôt le garçon boucher, sa trousse de couteaux à la main, se leva sur son séant et me dit: Ernest, faut-il que je le saigne? Avant que j'aie eu le temps de lui répondre, l'intrus se mit à dire: M. Ernest Laurent. Je lui répondis en me levant: C'est moi, que me voulez-vous?

Comment, tu ne me reconnais pas? Je suis ton ami Charles, de la Charité. Je lui dis: Je n'aurais jamais cru te voir sous un tel costume. Il me répondit: Mon cher ami, si tu veux manger du pain dans ce pays-ci, il faudra que tu te résignes à partager mon sort, c'est-à-dire voyager les campagnes.

Sur ce, je fis monter une bouteille de vin blanc et une botte de radis qu'il avala comme s'il n'avait pas mangé de quinze jours, puis ensuite je lui serrai la main et le congédiai.

Le pauvre malheureux, un mois et demi avant, avait eu la jambe cassée en descendant de son cheval pour serrer la sangle, au moment où il s'était vu cerné par deux Gauchos ; après l'avoir complètement dépouillé de ce qu'il avait, ils ont tué son cheval et l'ont laissé là, — c'était aux environs de Corientes.

J'ai omis de dire que le capitaine, débarqué la veille, s'était occupé de caser la jeune fille, il lui avait trouvé une place chez une dame Lemoine, modiste, dont le mari était le tailleur du gouverneur Rosas, tyran de bas étage, dont le règne consista à opprimer et à faire égorger ceux qui l'avaient érigé en dictateur. Ancien Gauchos lui-même, il savait ce dont ils étaient dans le cas; quoique ennemis de la France, qui le rappela à l'ordre par la présence sur la rade du brick l'*Erigone*, en 1841, il rendit service aux résidents français en purgeant le pays des bandes de pirates de terre qui l'infestaient ; aussi avaient-ils juré sa mort et mirent à leur tête un aventurier, nommé Couëghe, sur lequel la police et l'armée de Rosas n'ont jamais pu mettre la main.

On arrêta, fouetta et fusilla jusqu'à cinquante-quatre

individus la même journée, accusés de conspiration et faisant partie de la bande de Couëghe ; beaucoup passèrent pour lui, quoiqu'on n'ait jamais pu s'en emparer.

Une jeune femme, fille du pays, accusée d'avoir eu des relations avec un prêtre, fut ainsi que lui, par ordre de Mannellita (fille de Rosas), fouettée, fusillée et pendue à l'arbre du fort.

Tout ce récit est officiel, il y a encore à Bar (Bas-Rhin), la famille Klappenbach qui peut l'affirmer.

Cette famille exerçait la profession de marchands de cuirs ; la maison qu'elle avait fait construire était la seule dans Buenos-Ayres qui eût le type européen, c'est-à-dire qu'au lieu d'une terrasse elle avait des toits.

La cause de la construction des terrasses provient de ce que parfois il règne un vent effrayant qui s'annonce par des tourbillons de poussière qui fouettent les pierres comme si elles étaient lancées.

Ce vent vient de la Plata, qui, à Buenos-Ayres, a plus de trente-deux lieues de large ; il s'appelle le pomperos.

Deux mots sur le dictateur Rosas :

Un dimanche, étant en promenade avec Monsieur et Madame Lemoine et leur nouvelle ouvrière que le lecteur n'a pas oubliée, (cette dernière gagnait 100 piastres par jour ou 40 francs de France, en faisant ce qu'on appelait des capotes, ou des chapeaux en France), nous poussâmes jusqu'à l'habitation du Gouverneur.

Monsieur et Madame Lemoine nous présentèrent à une petite femme chétive et frêle, accompagnée d'un vieux curé bossu ; c'était Mannellita Rosas avec son confesseur et celui de son père ; ils rendaient les ordonnances et la justice.

Nous étions en grande conversation. M. Lemoine nous servait d'interprète, lorsqu'arriva un individu à la figure large et dure, encadrée d'une paire de favoris roux et des cheveux de même, les sourcils d'une longueur démesurée, les mains velues comme un singe, l'œil plutôt vert que bleu. Il portait une énorme casquette en peau de veau marin avec une visière démesurée, probablement pour se soustraire aux regards d'autrui ; il était séquestré dans une petite veste en drap vert garnie de boutons blancs en métal, d'une grosseur également démesurée : c'était Rosas.

Après avoir dit quelques mots à **M.** Lemoine, mots que je ne compris pas (ne connaissant pas la langue castillane). on nous apporta deux bouteilles de peel (ou bière anglaise); par suite de la grande chaleur, j'en ab-sorbai seul la moitié.

Après avoir pris congé de ce trio si intéressant, nous partîmes ; en chemin, le sieur Lemoine me dit : « En vous offrant de la bière, il n'avait qu'un but : c'était de vous griser et pour se dire en lui-même : les voilà bien les Européens! »

Pauvre ignare ! J'aurais, bien à cet âge-là, (j'avais 28 ans), et avec ma force de tempérament, absorbé sa cave de bière.

A force d'être mis en contact avec les Français, il avait fini par les prendre en estime ; c'est ainsi qu'il avait pris un déserteur français pour lui organiser une musi-que, et pour mettre à la tête de son armée ; il fallait la voir, son armée !

Le sieur Lemoine crut me faire plaisir en retournant en ville et en m'introduisant chez le Grand Egosieur (ou exécuteur), sorte de colosse dont la voix contrastait sin-gulièrement avec la taille.

Ayant pu juger de la déconfiture dans laquelle se trouvait mon ami de la Charité, je résolus de chercher ailleurs.

Il y avait à Barrague, dans les Saladères de M Cam-bacérès, un contre-maître de Reims à qui je demandai quelques conseils, et en lui disant au préalable que j'al-lais voyager la campagne pour acheter des cuirs secs ; il m'en détourna en me faisant voir les dangers que pareil métier offrait.

Je profitai de mon passage dans cette usine pour voir abattre quelques centaines de bœufs et je vous prie de croire que ce n'est pas long.

L'animal est monté sur un petit wagonnet qui es poussé du pied et qui arrive sous un pont sur lequel se tient, un stylet à la main, un Basque, (on l'appelle le picador, qui le pique sur la nuque ; l'animal tombe foudroyé; on pousse le wagonnet qui le livre à quatre autres Basques qui, en deux minutes à peine, lui enlèvent la peau : les meilleurs morceaux sont livrés à la bouche-rie, et, dans ce temps-là, le reste était jeté à la mer ; au-jourd'hui, et même de longue date, on en fait des conser-ves alimentaires.

Quant à la peau, on la sale avant de l'expédier ; les peaux abattues à la campagne sont séchées ; celles abattues à la campagne s'appellent mataderos et celles abattues dans les Saladères s'appellent saladeros ; les unes sont sèches et les autres salées. Les salées servent de lest aux navires, les sèches sont arrimées dans la cale.

Les Basques qui font ce métier gagnent beaucoup d'argent, aussi sont-ils effrénés joueurs.

La cagnotte est mise sous un chandelier en bois, lorsque le gagnant veut mettre la main dessus, ils se lèvent tous le coutelas à la main, comme mus par un ressort et alors à toi à moi.

Les habitants des campagnes ont des mœurs et un caractère très doux, seulement pour les visiter il faut parler leur langue et imiter leurs mœurs.

Ils sont rapaces de fausse bijouterie : avec une petite bague, vous les feriez suivre comme un chien à qui vous montreriez du fromage de Gruyère.

Dans La Plata, les herbes poussent d'une façon prodigieuse ; on les coupe trois et quatre fois, aussi les bœufs et les chevaux y pullulent. Ils sont à l'état sauvage dans ces longues herbes qui les cachent complètement.

Les Gauchos leur font la chasse avec des chevaux admirablement dressés qu'ils font quelquefois suivre par d'autres bœufs déjà réduits.

Quant au cheval, on le prend avec le lasso, puis ensuite le Gauchos, cavalier par excellence, lui saute dessus avec un simple bridon à la main et lui enfonce dans le ventre d'énormes éperons qui le forcent à se coucher ; c'est alors qu'il lui met le bridon. Une fois avec ses camarades, il devient doux comme un mouton.

Il n'est pas rare de voir dans l'intérieur des propriétaires ayant 3,500 à 4,000 bœufs et 7 à 800 chevaux.

Si lorsque vous louez un cheval dans une cavaleria, il se casse une jambe, vous rapportez le reca (ou la selle) et payez tout simplement le prix de la location.

Au nombre des passagers se trouvait un menuisier d'Estissac (Aube) ; il vint un jour me trouver et me proposa de faire son métier ensemble ; le nerf de la guerre lui manquait, comme j'avais bien vendu mes pacotilles, j'avais de quoi acheter du bois. Nous entreprîmes la construction d'une installation à bord d'un navire sur rade, pour 400 passagers qui allaient en Californie ; en un jour et demi, c'était bâclé et nous avions gagné 400 piastres ou 160 francs de France.

Après ce, nous fabriquâmes des pliants ou lits de sangles et des tabourets en bois, percés d'un trou, sur lesquels nous gagnions beaucoup.

Un jour que nous étions livrés à nos travaux, un Français, boulanger sans besogne, vint nous demander la permission de faire la sieste ; lorsqu'il partit au bout de deux heures, je m'aperçus qu'il n'était pas sorti seul et qu'il avait emporté mon calepin renfermant plus de 4,000 piastres (1,600 francs tout en argent de France).

Quatre heures plus tard, deux alguazils (espèces de gendarmes) le ramenaient, non pas en croupe, mais bien en porte-manteau, la tête tombant d'un côté et les bras de l'autre, comme un vrai veau.

Cet individu était le beau-frère d'un capitaine de navire alors sur la rade ; ce dernier intervint et quoique son beau-frère fût bien reconnu pour être mon voleur; on lui donna la clef des champs et je dus payer les pots cassés.

Pendant quelque temps, je continuai le métier de menuisier ; j'avais même fait moi-même une enseigne ainsi conçue :

CARPENTERIA FRANCESCA
(ou menuiserie française)

Nous avions une bonne clientèle et nous gagnions de l'argent. Un jour que j'étais allé à Monte-Video, j'avais caché sur moi de l'or qui payait une forte somme pour sortir, on me le confisqua.

C'est alors que je pris le pays en dégoût et que je revins en France.

Si j'avais eu un tout autre caractère, j'étais à même de faire ma fortune bien rapidement : Le marchand qui nous fournissait notre bois était un Anglais, un joueur de billard effréné, quoiqu'il ne sût véritablement pas jouer.

Nous avions une quille ; sur quarante parties, il n'en gagnait pas une seule.

Il était fort riche et il est allé jusqu'à me proposer de lui jouer son chantier de bois; j'ai refusé en relevant les épaules.

Un jour que je rencontrai le capitaine qui m'avait amené, je lui proposai de repartir avec lui comme aide à bord.

Soixante-dix-sept jours après, le *Camoëns*, ayant à son bord trois passagers de chambre, votre serviteur et une cargaison de cuirs, rentrait dans le port. Un passager mourait un quart d'heure après dans l'hôtel, il revenait avec une cargaison de laine de 400,000 francs.

Il était natif de Chauny (Aisne) et avait épousé une jeune Argentine qu'il ramenait avec lui.

Une fois débarqué, je fus pris de coliques sèches, telles que je me mis au lit ; trois semaines se passèrent dans des souffrances auxquelles un médecin créole, seul, mit fin : Je partis ensuite pour Paris où, après une rechute, je fus obligé d'entrer dans une maison de santé ; après cinq semaines de séjour dans cette dernière, je rentrai dans une maison de commerce qui m'affectionnait beaucoup, je fus employé aux écritures d'abord et ensuite voyageur ; c'est à la suite d'une tournée en Lorraine que je vins m'y marier, c'était en 1857.

Depuis cette époque, j'ai toujours tenu haut et ferme le drapeau de la République.

A mon retour en 1853, j'ai vu avec une grande satisfaction que mon ami Hurtault, l'intrépide ouvrier corroyeur, avait été élargi de sa prison et que, comme par le passé, il était resté la sentinelle vigilante de la démocratie, moralisant continuellement l'ouvrier ; devenu maître à la suite d'une petite succession, le reste de sa vie a été consacrée à l'aider dans la solution de la question sociale ; il n'a jamais oublié que lui aussi avait été ouvrier, presque toujours on le substituait au Conseil des prud'hommes et dans toutes les difficultés entre patrons et ouvriers. A Saint-Amand-Montrond (Cher), il était toujours le seul arbitre ; quoique n'ayant qu'une instruction élémentaire, il avait un jugement sain, une portée de vue exceptionnelle, d'une intrépidité et d'un courage rares ; c'est lui qui a dépisté le fameux Dambrout, dangereux mouchard de l'Empire, qui avait fait fermer les trois quarts des cafés de Bourges ; il lui a arraché son portefeuille de sa poche, et, après y avoir trouvé sa carte de la police de sûreté, il lui a fait prendre un bain dans la rivière l'Yèvre.

Sa bourse était ouverte à toutes les infortunes.

Il s'est éteint en 1879, presque subitement, en faisant

une partie de cartes avec sa fille. On lui a fait les funérailles d'un grand homme.

Le lecteur pourra s'en rendre compte à la fin de ce volume, en lisant le compte rendu d'un journal républicain de Bourges.

Me résumant, je puis donc dire que Saint-Amand aussi a eu son de Fuisseaux.

Hurtault venait d'une très bonne famille de Saumur ; sa grande affection pour la classe ouvrière ne l'a jamais séparé d'elle.

En 1841, lorsqu'il vint à Bourges, il ne trouva personne disposé aux idées libérales, et seul, en tapinois, il mena le mouvement républicain. C'est à lui que revient l'honneur d'avoir démocratisé le Berry.

La grande affection que j'avais pour ce courageux citoyen, dont tous les actes dénotaient une grande modestie, mais aussi un grand dédain pour ceux qui faisait la faiblesse, me fait songer aux siens et heureux serais-je le jour où je pourrais serrer la main à sa digne compagne et presser sur mon cœur sa progéniture.

Il faudrait à chaque ville industrielle son Hurtault ou son de Fuisseaux, les ouvriers auraient bientôt congédié les collectivistes et les intransigeants.

C'est ce que je leur souhaite ardemment.

Pour démontrer au lecteur la considération et l'estime dont jouissait Hurtault, je crois bien faire en mettant sous ses yeux les éloquents et patriotiques discours qui ont été prononcés sur sa tombe, ainsi qu'une lettre que sa digne compagne m'a adressée.

Discours de M. Eugène Garcin.

Mesdames et Messieurs,

Chers Concitoyens,

Pour la première fois que je viens dans la ville démocratique de Saint-Amand, c'est pour m'associer à un grand deuil.

Mais qu'est-ce qu'un deuil, sinon la communion des âmes ? Communion dans la douleur d'une perte présente ; communion aussi dans la sérénité et, j'ose le dire, dans la joie des choses immortelles.

Nous accompagnons ici la dépouille d'un homme qui fut l'un des plus ardents et des plus dignes serviteurs de ces choses immortelles qu'on nomme la **Justice** et la **Vérité.**

Il consacra sa vie entière à leur triomphe, et c'est pourquoi sa vie entière fut celle d'un admirable républicain.

Hélas! je n'ai pas eu la satisfaction de connaître personnellement le citoyen dont nous accompagnons pieusement les restes. Mais, si ma main n'a pu serrer sa main fraternelle, puis-je ignorer ce qu'il fut?

L'empressement de toute une ville émue et de tant de communes, même éloignées, à rendre les derniers devoirs au citoyen Hurtault dit assez quelle perte vient de faire la ville de Saint-Amand. Les discours que nous venons d'entendre, les adresses des plus hauts représentants de la Démocratie du Cher proclament bien haut quelle perte aussi vient de faire la République.

Depuis longtemps déjà, l'un des plus savants et des plus nobles serviteurs de notre cause nationale, votre ancien représentant Vauthier, m'avait fait comprendre, par son affection profonde envers Hurtault, combien celui-ci était digne de la plus haute estime, et la douleur du Conseiller municipal de Paris, que seule la maladie. hélas! a empêché d'accourir à ce triste rendez-vous, cette douleur est le plus éloquent des éloges.

Par deux dépêches pressantes, il m'a chargé d'être son interprète. C'est donc au nom de mon beau-frère Vauthier, au nom de ton vieil ami, ô Hurtault, que je viens m'incliner devant ton cercueil!

Je dois ajouter que le maire de Bourges, M. Eugène Brisson, se serait fait un devoir d'être présent à cette cérémonie funèbre, sans l'obligation impérieuse où il s'est trouvé aujourd'hui de présider à deux commissions importantes qui intéressent la cité. Il m'a fait l'honneur de me confier expressément le soin d'exprimer ici ses regrets et de dire un dernier adieu à celui qu'il vénéra toujours.

Eh! mes chers concitoyens, sans la gravité des circonstances qui ont retenu hier nos députés à Versailles, est-ce que M. Girault, votre dévoué représentant, ne serait pas ici? Est-ce que le vice-président de l'Assemblée, M. Henri Brisson, ne serait pas accouru apporter sur cette tombe son tribut d'hommages et ses adieux?

Mais, que dis-je? Ce ne sont point des adieux qu'il faut adresser à de tels morts. Mes chers concitoyens, en parlant à Hurtault, c'est au revoir que nous devons lui dire.

Au revoir! non parce que nous devons le rejoindre tous, là où il est allé avant nous, mais parce que, dès à présent, sa pensée demeure dans nos âmes, les éclaire et les vivifie.

Ah ! le recueillement qui domine dans cette réunion, les larmes que je vois répandre, l'émotion de toute une ville, cela, mes chers concitoyens, dit bien haut ce qu'il y a de profondément humain et, par suite, de profondément religieux dans cette cérémonie purement civile.

Laissons les hommes, dont l'ignorance égale le fanatisme, flétrir nos funérailles laïques du terme d'*enfouissement*. Laissons-les, en face des tombes qui nous inspirent l'espérance, ne rêver qu'au « jour de colère, *Dies iræ!* » Nous élevant dans les plus hautes régions de l'âme, considérons qu'on a pu rejeter les cérémonies lugubres de l'Eglise du jour où il a été démontré à la conscience que ce ne sont point les vertus théologales qui créent les véritables élus, mais les vertus humaines. Laissons l'Eglise catholique choisir pour saints des ermites, des moines qui n'ont songé qu'à leur salut personnel, en pratiquant des œuvres le plus souvent stériles pour le bien public : l'humanité a des saints bien autrement grands qu'elle honore de son culte.

Les Newton, les Turgot, les Franklin, les Hoche, les Grégoire, les Malo-Corret de la Tour-d'Auvergne, voilà des saints que Rome ignore, mais devant lesquels le monde entier est en admiration.

Ils n'appartiennent point à l'Eglise : ils appartiennent à l'humanité.

Pourquoi donc conduire nos chers morts dans les temples romains où l'on jette l'anathème à notre civilisation ?

Nous avons le culte de la vérité, et voilà pourquoi nous faisons à ceux qui ont eu ce même culte des obsèques laïques, c'est-à-dire populaires.

Et pieusement, nous nous élevons vers la pensée des morts qui, comme Hurtault, nous ont légué leur vie entière en exemple. Et nous disons :

Oui, l'âme des grands morts vers l'avenir nous mène.
Ils ont marché, souffert, lutté, vaincu pour nous :
Devant leurs pieds meurtris, à genoux! à genoux!
Ils ont semé le grain : nous emplissons nos granges :
Ils ont planté les ceps : nous cueillons les vendanges.
Or, quelque chose vit sous ce pain et ce vin :

C'est leur chair, c'est leur sang, comme au banquet divin
Où Jésus, sous la grappe et l'épi se révèle.
Chaque jour dans le monde ainsi se renouvelle
Cette communion des vivants et des morts,
Qui nous donne la vie et le vrai pain des forts.
Mais quelle main sacrée étend la blanche nappe ?
Où donc faut-il courir pour s'asseoir à l'agape ?
Est-ce encor sous la nef de l'église ? — En ce lieu,
Elle ne brille plus la lumière de Dieu.
Non ! Dieu n'est point captif dans une vaine hostie,
Et les peuples ont faim d'une autre Eucharistie
Où Jésus n'est plus seul, trouvant des âmes sœurs
Chez les grands ouvriers et chez les grands penseurs ;
Car ceux qui de l'Esprit ont couvert l'aile altière,
Ceux dont la main puissante a dompté la Matière,
Marchaient aussi, l'épine au front, saignant d'amour ;
La tombe les reçut, mais pour les rendre au jour,
Et, sauvé par leur bras, sauvé par leur génie,
Avec ces Christs nouveaux le monde communie.

L'homme que nous accompagnons à sa dernière demeure se place dans la phalange des plus modestes héros de la République, de ceux qui furent toujours prêts à sacrifier leur vie pour le bien de tous.

Et voilà pourquoi tant de larmes coulent sur son cercueil. Pleurons-le ! Mais que son dévouement, son abnégation, son courage civique servent d'exemple aux jeunes républicains. Montrons-nous dignes de nos devanciers. C'est le plus bel hommage à rendre à leur mémoire.

Après ces paroles du rédacteur en chef de l'*Union républicaine*, M. Chameau-Girault est venu, au nom des membres de la bibliothèque populaire, dont M. Hurtault était vice-président, adresser un dernier adieu à l'homme de bien qui s'occupait, à sa dernière heure, de constituer une Société de Secours mutuels. Puis, M. Eugène Garcin a été prié d'adresser un appel aux assistants, pour qu'une collecte fût faite en faveur des condamnés politiques. La somme de 205 francs a été recueillie aussitôt.

Le député, M. Greppo, va la recevoir.

La foule s'est écoulée ensuite avec le plus grand calme et les amis ont accompagné à leur maison la famille de M. Hurtault, désolée, mais qui du moins a pu trouver quelque consolation et quelque douceur dans les marques d'estime et de sympathie profondes, adressées à celui que la mort vient de frapper, mais qui vivra dans le souvenir de ses concitoyens.

Saint-Amand (Cher), le 10 avril 1886.

Monsieur Ernest Laurent,

C'est avec bien du regret que je ne puis vous envoyer les trois numéros qui parlent des funérailles de mon regretté mari, n'en possédant qu'un, comme n'ayant qu'un exemplaire de l'adresse des conseillers. Vous me pardonnerez de ne vous envoyer qu'un numéro qui vous donnera une idée de ce qu'était la popularité de votre ami. C'est un grand malheur de perdre des hommes comme lui, pour sa famille et aussi pour la société, car avec son caractère jovial il savait grouper tout son monde ; aussi, croyez bien que malgré les temps écoulés, son nom est toujours dans toutes les bouches, surtout en ce moment qu'il y a un peu de désunion.

Si Hurtault était, tout cela ne se passerait pas de la sorte, et ce qui faisait sa force c'est qu'il méprisait les honneurs ; ce n'est pas qu'il n'avait pas son orgueil, mais si j'ai marié ma fille trois mois après la mort de son père, c'est que je tenais à voir revivre le portrait du père. Si vous la voyiez, vous seriez frappé de la ressemblance, de toute manière. Elle a un petit garçon qui s'appelle Benjamin, le nom du grand-père. Si vous saviez comme je l'étudie, comme je voudrais qu'il lui ressemble ; je voudrais qu'il revive en lui, c'est toute mon ambition, elle est bien naturelle, n'est-ce pas? Vous qui l'avez connu, je suis heureuse quand je parle de lui ; aussi, cher monsieur, si vous venez dans nos parages, n'oubliez pas la veuve de votre ami ; si vous allez à Paris et que vous passiez 69, rue de Rennes, demandez Madame Pajot (député), elle sera bien heureuse de voir l'ami de son père, car nous avons souvent parlé de vous, surtout après votre apparition à Saint-Amand.

Vous vous rappelez bien l'accolade que vous vous êtes faite et nous, nous ne l'avons pas oubliée.

Recevez, cher monsieur, de ma part ainsi que de ma famille, mes civilités les plus amicales.

Vᵛᵉ HURTAULT.

Ayant conservé des relations avec des parents de mon fils habitant le Chili, la lettre incluse n'est pas déplacée dans cette brochure.

Santiago, le 7 mars 1886.

Mon cher neveu,

Je vous confirme mes quelques lignes dernières au sujet des peaux que je n'ai pu me procurer jusqu'à présent ; le Chili n'est nullement producteur, mais bien la Bolivie et le Pérou, mais sur les marchés de Valparaiso et Santiago il n'y a rien, sinon quelques peaux qui proviennent du Sud, mais en très petite quantité et des peaux qui ne peuvent en aucune façon convenir ; il faut donc attendre ou faire acheter en Bolivie ou au Pérou, et, pour y arriver, il faut pas mal de temps et trouver une occasion.

Je suis allé passer, avec ma famille, près d'un mois à la campagne, dans l'Araucanie, jadis peuplée, il y a quelques années, par les Indiens, aujourd'hui sillonnée par les chemins de fer et les télégraphes, se civilisant chaque jour; les Indiens ont peu à peu disparu, et ceux qui restent, n'ayant rien se sont trouvé forcés de travailler pour vivre ; or, le Chili a donc accaparé l'Araucanie, pays qui fut, il y a quinze ans, sous la domination d'un de nos compatriotes, Monsieur de Tourens, roi d'Araucanie, qui fut livré par un de ses conseillers qui était acheté et payé par le Chili pour le livrer; or, le Chili va jusqu'aux confins de la Cordillère, du côté de la République argentine, la Cordillère sert de rempart ou de limite aux deux nations; or le gouvernement du Chili s'étant donc emparé de ce grand territoire ou terrains, comme vous le voudrez, vient d'appeler l'émigration européenne pour peupler ces riches et fertiles contrées, dénommées à juste titre terrains vierges intacts, ou appelés par moi les futurs greniers du Chili.

Le gouvernement chilien a donc fait venir l'émigration, et pour cela il a établi une grande Agence Générale dans les principales nations européennes, laquelle, au moyen de sous-agents qui sont établis dans les principaux centres agricoles, enlève au pays ses meilleures forces qui viennent ici au Chili dans l'espoir de faire fortune; c'est vrai d'ajouter que ce mot est complètement faux, car il est impossible qu'un colon puisse la faire, ce mot doit être complètement effacé pour à présent du moins; en résumé, on vous donne le terrain nécessaire pour ne pas mourir de faim, ni plus ni moins, et sans compter qu'il faut travailler dur et ferme pour y arriver; mais néanmoins, il faut également ajouter que le colon arrivant ici avec sa petite famille a plus de chances de réussir qu'en France, ceci est un fait incontestable ; j'ai mon beau-frère qui est agriculteur au Traiguen, ayant 500 hectares d'exploitation en un seul morceau; il a investi dans cette affaire 70,000 francs en or et non papier, eh bien, il marche très bien, grâce à un capital investi, et la principale production est le blé, toujours du blé, la récolte annuelle est généralement de 3,500 à 4,500 hectolitres.

Ne pouvant plus continuer davantage, je remets ma correspondance par prochain vapeur, donc ne m'écrivez pas avant que je n'aie répondu à votre volume.

Souvenirs de toute la famille, et compte bien vous envoyer très prochainement le portrait du moutard, ça ne tardera pas beaucoup.

Tout à vous et à ma nièce.

R. SERAD.

FUNÉRAILLES DE M. HURTAULT

La ville de Saint-Amand vient d'être témoin, mardi dernier, d'un spectacle aussi émouvant que grandiose. On y a vu une population entière rendre les derniers devoirs à un homme de bien qui venait de mourir.

Il s'agissait du républicain Hurtault, enlevé brusquement à la tendresse de sa famille, à l'affection de ses amis, à l'estime de tous ceux qui l'ont connu.

Les discours que nous allons publier diront ce qu'il fut à ceux qui ont pu ignorer sa vie. Mais que sont de pâles discours, auprès du spectacle qu'il nous a été donné de voir, auprès de ce cortège immense et recueilli qui accompagnait le cercueil, auprès des larmes qu'on voyait répandre? Cela dit bien mieux combien cet homme fut aimé, et les regrets qu'il laisse montrent à quel point il pratiqua la bienfaisance.

La maison d'Hurtault fut toujours, selon le terme vulgaire et si expressif, « la maison du bon Dieu » : chacun y trouvait bienvenue, bon conseil et au besoin assistance.

Telles étaient les mœurs patriarcales dans cette famille, que partout le chef n'était appelé que de l'un de ces surnoms familiers, respectueux et tendres : « *le vieux* » ou « *le père* ».

Les obsèques d'Hurtault ont été un deuil public pour Saint-Amand. Le maire avait fait donner congé à toutes les écoles publiques ; les ateliers s'étaient fermés à l'heure du convoi. Aussi, quelle foule immense !

La ville entière était sur pied. Les communes voisines, même des communes lointaines, avaient envoyé des représentants. Citons Lignières, Châteauneuf, Châteaumeillant, Culan, Dun-le-Roi, Bessais, Charenton, Coust, Meillant, la Celle-Bruère, Bigny, Ainay-le-Vieil, Epineuil, etc. On était venu même de l'Allier, de Ainay-le-Château, de Méaulne, d'Urçay, etc., l'*Union républicaine* était représentée par son gérant, M. Gabriel Margritat, et par son rédacteur en chef.

Mais combien d'amis, combien de patriotes auraient voulu et n'ont pu assister à ces funérailles touchantes! Le préfet de Montauban, M. Devoucoux, télégraphiait à la famille : « Vous perdez un bon père, moi un ami bien cher, la République un de ses plus fervents soutiens. Je né pourrai pas assister aux obsèques, mais j'y serai de cœur. »

Notre excellent et vénéré M. Chédin n'avait pu, lui non plus, venir à Saint-Amand. Quant au Maire de la ville, le digne M. Galleyrand, il fut tellement frappé par ce coup inattendu, qu'il en tomba malade et qu'il lui fut impossible de suivre le convoi.

Tous ces hommages étaient rendus à un homme qui était parti du simple rang d'ouvrier et qui resta toujours peuple.

Ami de la liberté de conscience, il avait désiré un enterrement civil. Rien ne saurait rendre le calme, la solennité de ce cortège d'environ trois mille personnes, où l'on marchait quatre de front, et qui s'est déroulé, interminable, à travers les larges avenues de la cité. La foule accourait de toutes parts, formant une haie, et saluant avec respect le cercueil.

Discours de **M. Bergeron de Charron**

ADJOINT AU MAIRE

« Mes chers concitoyens,

» Au nom du Conseil municipal de Saint-Amand, je viens adresser un suprême adieu à notre cher et regretté collègue.

» C'était un républicain de vielle date; et, quand je considère cette nombreuse assistance, composée, non seulement des habitants de Saint-Amand, mais encore des citoyens venus de divers points de l'arrondissement et du département, je puis affirmer, en toute assurance, que la démocratie a tenu et tient à honorer d'une façon exceptionnelle un de ses membres les plus autorisés.

» Depuis qu'il eut atteint l'âge d'homme, Hurtault a lutté pour les idées qui nous sont chères, c'est-à-dire pour la République ; aussi, le soi-disant gouvernement du 2 décembre lui a-t-il fait l'honneur de l'incarcérer.

» Une heureuse circonstance l'amena à se fixer à Saint-Amand et, peu de temps après, il acquérait parmi nous le droit de cité. En effet, tous ceux qui connaissaient et approchaient cet homme de bien étaient vite séduits par ses manières simples, bienveillantes et sympathiques. Toutes les personnes qui avaient quelque peine, quelques soucis, étaient sûres de trouver chez lui de bons conseils, des encouragements et autre chose encore. Il s'était tellement identifié à la population de Saint-Amand qu'on aurait pu croire qu'il y était né et y avait toujours vécu.

» Pendant l'empire, il n'a cessé de préconiser les idées libérales et démocratiques, et bien des personnes opposées à ces idées-là se sont laissé convertir par sa parole aussi honnête que séduisante. Pour atteindre son but, il ne s'est jamais laissé intimider.

» En 1869, l'arrondissement de Saint-Amand est appelé à élire un député; sans retard, Hurtault met tout en œuvre pour faire triompher la candidature de l'honorable M. Girault, qui, s'il ne pouvait alors s'intituler candidat républicain, posait, dans sa profession de foi, les bases principales du gouvernement républicain. M. Girault a été élu, et l'on peut dire que Hurtault a eu la plus large part dans ce succès inespéré, qui a eu pour résultat de réveiller dans l'arrondissement de Saint-Amand l'opinion républicaine, dont l'empire avait bien pu arrêter un instant l'essor, sans pouvoir l'anéantir.

» En 1870, des élections municipales ont eu lieu dans toute la France; Saint-Amand ne devait ni ne pouvait se déjuger. Immédiatement, Hurtault organisa des comités chargés de dresser une liste franchement et nettement libérale. Son temps, sa maison, il met tout à la disposition du parti ; rien ne l'arrête, pas même un procès, et, cette fois encore, grâce à son énergie, le parti républicain triomphe.

» Dans le sein du Conseil municipal, il donnait d'excellents avis, et souvent un mot lancé par lui avec tact et à propos amenait la solution d'une question difficile.

» Dans les périodes néfastes des 24 et 16 mai, il ne s'est jamais laissé abattre ; il a toujours eu confiance, disant que la loi et le bon droit devaient forcément l'emporter sur l'arbitraire et l'injustice.

» Lorsque le parti républicain, c'est-à-dire la nation a repris le dessus, il pensait que, si l'on doit impitoyablement destituer les fonctionnaires hostiles au gouvernement établi et qui ont persécuté sans raison les républicains, on ne devait pas appliquer les lois d'exception qui n'ont été inventées que par les despotes. Il estimait qu'il était suffisant, en privant ces fonctionnaires de leurs emplois, de les rendre simplement justiciables de l'opinion puplique, qui est le meilleur juge en pareille matière.

» Je ne puis maîtriser l'émotion que j'éprouve en présence de ce cercueil qui renferme la dépouille d'un ami auquel m'unissaient les liens d'une étroite et sincère affection. Aussi, mes chers concitoyens, je vous prie de m'excuser si je m'arrête, car mes forces trahiraient ma volonté.

» Encore une fois, au nom du Conseil municipal de Saint-Amand, Hurtault, je t'adresse l'expression de nos profonds et sincères regrets. Adieu ! »

Discours de M. Pajot, vétérinaire

« Mes chers concitoyens,

» Je ne saurais laisser se refermer la terre sur le corps de notre vieil ami sans lui dire à mon tour et en votre nom, si vous voulez bien me le permettre, un dernier adieu.

» Jeune encore dans la vie politique, j'ai rencontré celui que nous regrettons tous, dès mes premiers pas, et ses conseils m'ont souvent, sinon toujours, guidé et encouragé dans la bonne voie.

» Ne possédant pas l'instruction, qui est la plupart du temps refusée, et pour cause, à nous autres gens du peuple, il était savant pour défendre les intérêts de ce dernier, et avec une sûreté de vue incomparable il savait tourner les plus grandes difficultés et reconnaître la valeur et l'honnêteté des gens, même sous le masque le plus indéchiffrable.

» Il était partisan de toutes les libertés, et principalement de la liberté de conscience. L'idée qui nous réunit autour de cette tombe prouve suffisamment combien il la respectait.

» C'est à lui, à lui principalement, entendez-le bien, qu'est dû le réveil des idées républicaines à Saint-Amand ; car, avec sa clairvoyance habituelle, il voyait déjà luire la grande idée démocratique à la fin de ce régime abhorré et menteur, j'ai nommé l'Empire, qui devait disparaître, un an plus tard, dans la boue et la honte, avec le cœur léger, disait un des siens, entraînant malheureusement avec lui la France, qui n'était coupable que de s'être laissé tromper.

» Aux heures de danger et de deuil national, il n'a jamais cessé d'être sur la brèche dans notre département, et animé d'une générosité sans égale, d'un esprit de justice et de modération, n'excluant pas une indomptable fermeté, il a toujours su, en prêchant l'amour de la conciliation, nous montrer le chemin par lequel nous devions arriver au but, sans rencontrer d'écueils, et surtout il a toujours su nous faire éviter ces derniers.

» Il lui était donné de se reposer, car il venait de voir enfin le couronnement de l'édifice qu'il avait tant désiré ; malheureusement, un coup de foudre nous l'a enlevé subitement et beaucoup trop tôt.

» Puissent notre vénération, notre inaltérable amitié, adoucir un peu les douleurs de son estimable famille, douleurs que, du reste, nous partageons !

» Adieu donc, Hurtault ! Tu fus pour nous un père républicain ; nous ne t'oublierons pas. Nous tâcherons de suivre la voie que tu nous a si fermement tracée, en faisant à notre tour aimer et respecter la République, que tu as aidé si ardemment à fonder. Adieu ! »

<hr>

Paris. — Imp. DORZER 1-3 Passage du Caire.

Imp. Dorfer, Pas. du Caire, 1 et 3. Paris

9 782329 560007